www.capstonepub.com
Visit our website to find out more information about Heinemann-Raintree books.

To order:
☎ Phone 800-747-4992
🖳 Visit www.capstonepub.com
to browse our catalog and order online.

Edited by Daniel Nunn, Rebecca Rissman, and Sian Smith
Designed by Cynthia Della-Rovere
Picture research by Mica Brancic
Production by Victoria Fitzgerald
Originated by Capstone Global Library Ltd
Printed and bound in China by South China Printing Company Ltd

16 15 14 13 12
10 9 8 7 6 5 4 3 2 1

Library of Congress Cataloging-in-Publication Data
Nunn, Daniel.
    Numbers in Polish : Liczby / Daniel Nunn.
        p. cm.—(World languages - Numbers)
    Includes bibliographical references and index.
    ISBN 978-1-4329-6675-1 (hb)—ISBN 978-1-4329-6682-9 (pb) 1. Polish language—Textbooks for foreign speakers—English—Juvenile literature. 2. Counting—Juvenile literature. I. Title.
    PG6129.E5N88 2012
    491.8582′421—dc23   2011050549

Acknowledgments
We would like to thank Shutterstock for permission to reproduce photographs: © Agorohov, © Aleksandrs Poliscuks, © Alex James Bramwell, © Andreas Gradin, © Andrey Armyagov, © archidea, © Arogant, © atoss, © Baloncici, © Benjamin Mercer, © blackpixel, © charles taylor, © Chris Bradshaw, © cloki, © dcwcreations, © DenisNata, © Diana Taliun, © Eric Isselée, © Erik Lam, © Fatseyeva, © Feng Yu, © g215, © Hywit Dimyadi, © Iv Nikolny, © J. Waldron, © jgl247, © joingate, © karam Miri, © Karkas, © kedrov, © LittleMiss, © Ljupco Smokovski, © Lori Sparkia, © Max Krasnov, © Michelangelus, © Mike Flippo, © mimo, © Nordling, © Olga Popova, © Pavel Sazonov, © pics fine, © Rosery, © Ruth Black, © Shmel, © Stacy Barnett, © Steve Collender, © Suzanna, © Tania Zbrodko, © topseller, © Vasina Natalia, © Veniamin Kraskov, © Vinicius Tupinamba, © Volodymyr Krasyuk, © Vorm in Beeld, © Winston Link, © xpixel.

Cover photographs reproduced with permission of Shutterstock: number 1 (© Leigh Prather), number 2 (© Glovatskiy), number 3 (© Phuriphat). Back cover photographs of oranges reproduced with permission of Shutterstock (© cloki, © topseller, © Max Krasnov, © DenisNata, © Olga Popova, © atoss).

We would like to thank Dorota Holowiak for her invaluable assistance in the preparation of this book.

Every effort has been made to contact copyright holders of material reproduced in this book. Any omissions will be rectified in subsequent printings if notice is given to the publisher.

Contents

Jeden

pies

Tu jest jeden pies.

sweter

Tu jest jeden sweter.

Dwa

kot

Tu są dwa koty.

but

Tu są dwa buty.

Trzy

dziewczyna

Tu są trzy dziewczyny.

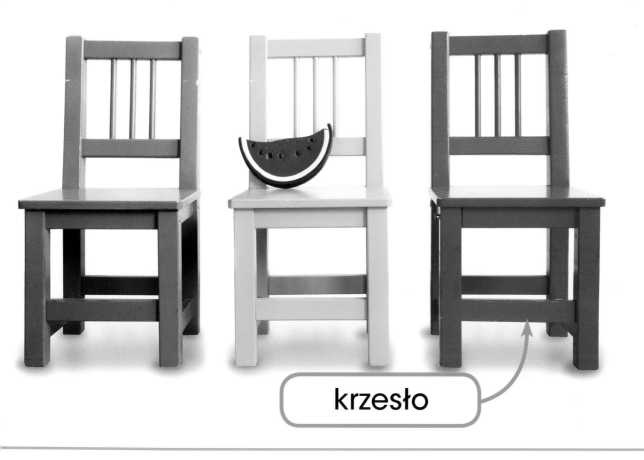

krzesło

Tu są trzy krzesła.

Cztery

ptak

Tu są cztery ptaki.

poduszka

Tu są cztery poduszki.

Pięć

zabawka

Tu jest pięć zabawek.

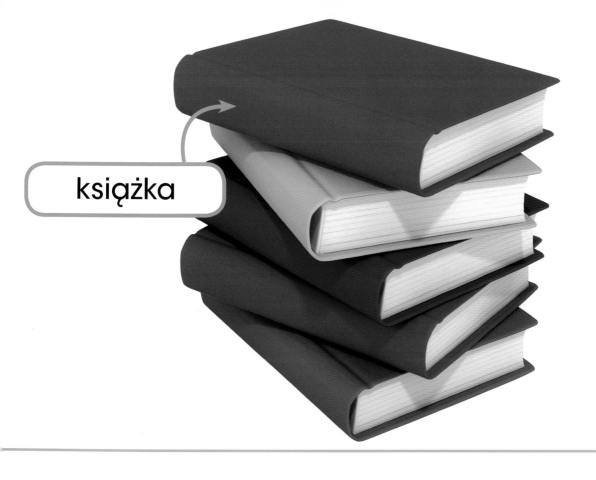

książka

Tu jest pięć książek.

Sześć

płaszcz

Tu jest sześć płaszczy.

ołówek

Tu jest sześć ołówków.

Siedem

pomarańcza

Tu jest siedem pomarańczy.

herbatnik

Tu jest siedem herbatników.

Osiem

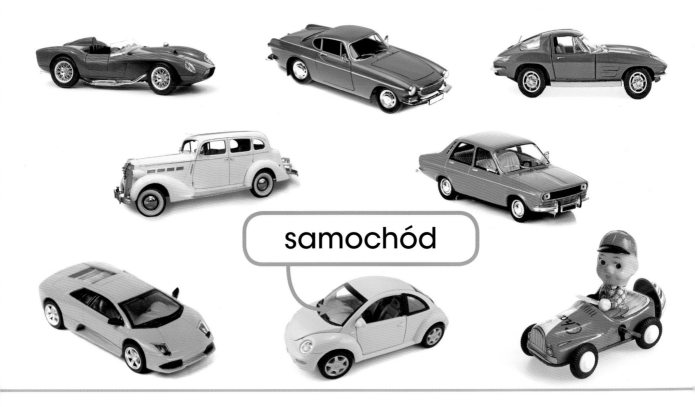

samochód

Tu jest osiem samochodów.

kapelusz

Tu jest osiem kapeluszy.

Dziewięć

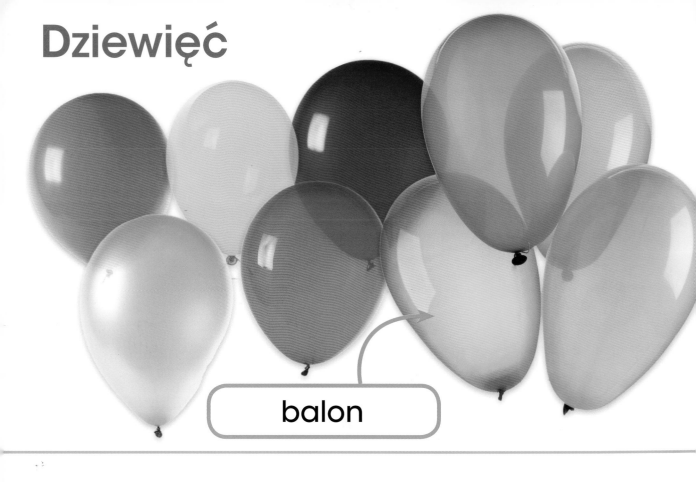

balon

Tu jest dziewięć balonów.

świeca

Tu jest dziewięć świec.

Dziesięć

jabłko

Tu jest dziesięć jabłek.

kwiat

Tu jest dziesięć kwiatów.

Dictionary

See words in the "How To Say It" columns for a rough guide to pronunciations.

Polish Word	How To Say It	English Word
balon / balonów	bah-lohn / bah-loh-noohv	balloon / balloons
but / buty	boot / boo-tih	shoe / shoes
cztery	chteh-rih	four
dwa	dfah	two
dziesięć	djieh-seeh-ts	ten
dziewczyna / dziewczyny	djie-fchih-nah / djie-fchih-nih	girl / girls
dziewięć	djie-fee-ts	nine
herbatnik / herbatników	her-baht-nick / her-baht-nickoohv	cookie / cookies
jabłko / jabłek	yahb-ckoh / yahb-vehk	apple / apples
jeden	yeh-dehn	one
kapelusz / kapeluszy	cu-pe-loosh / cu-pe-looshih	hat / hats
kot / koty	cot / cotih	cat / cats
krzesło / krzesła	ck-shes-whoh / ck-shes-wah	chair / chairs
książka / książek	ck-sion-sh-ckuh / ck-sion-shehck	book / books
kwiat / kwiatów	ckfih-aht /ckfih-ahtih	flower / flowers
osiem	oh-sehm	eight

Polish Word	How To Say It	English Word
ołówek / ołówków	oh-woo-veck / oh-woo-vckoohv	pencil / pencils
pięć	peents	five
pies	pee-ehs	dog
płaszcz / płaszczy	pwah-sh-ch / pwah-sh-chih	coat / coats
poduszka / poduszki	poh-doosh-kah / poh-doosh-kih	cushion / cushions
pomarańcza / pomarańczy	poh-mah-rahn-chah / poh-mah-rahn-chih	orange / oranges
ptak / ptaki	p-tahk / p-tahkih	bird / birds
samochód / samochodów	sah-moh-hood / sah-moh-hoh-doov	car / cars
siedem	sih-eh-dehm	seven
sweter	sveh-tehr	sweater
świeca / świec	sih-vih-etsah / sih-vih-ets	candle / candles
sześć	sheh-sih-chi	six
trzy	t-shih	three
tu jest / tu są	too yehst / too sohm	there is / there are
zabawka / zabawek	zah-bahv-kah / zah-bahv-ehk	toy / toys

Index

Notes for Parents and Teachers
Polish does not use articles (for example, "a" and "an") which is why there is no polish word for "a." In Polish, numerals from five onward use verbs in their singular form. This is why the words "Tu są" are used for numbers 2, 3, and 4, and the words "Tu jest" are used for numbers 5 and above.